Bonne nuit, mon amour !

Shelley Admont
Illustrations de Samir Boumsik

www.kidkiddos.com
Copyright©2015 by S.A.Publishing ©2017 by KidKiddos Books Ltd.
support@kidkiddos.com

All rights reserved. No part of this book may be reproduced in any form or by any electronic or mechanical means, including information storage and retrieval systems, without written permission from the publisher or author, except in the case of a reviewer, who may quote brief passages embodied in critical articles or in a review.

First edition, 2017

Edited by Martha Robert
Translated from English by Sophie Troff
Traduit de l'anglais par Sophie Troff
French editing by Ginette Bedard
Révision en français par Ginette Bedard

Library and Archives Canada Cataloguing in Publication
Goodnight, My Love! (French Edition)/ Shelley Admont
ISBN: 978-1-5259-0557-5 paperback
ISBN: 978-1-5259-0558-2 hardcover
ISBN: 978-1-5259-0556-8 eBook

Although the author and the publisher have made every effort to ensure the accuracy and completeness of information contained in this book, we assume no responsibility for errors, inaccuracies, omission, inconsistency, or consequences from such information.

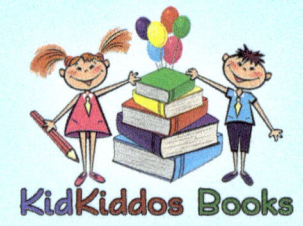

– C'est l'heure d'aller au lit, mon garçon. Brosse-toi les dents et mets ton pyjama. Grimpe dans ton lit, je vais te lire une histoire, dit papa.

Quand Alex fut dans son lit, son père lui lut une histoire. Ensuite, il le borda et se pencha vers lui.

– Bonne nuit, mon garçon. Bonne nuit, chéri. Je t'aime, dit-il.

– Je t'aime aussi, papa, mais je ne peux pas dormir tout de suite, dit Alex.

– Pourquoi, mon garçon ? Qu'est-ce qui ne va pas ? demanda papa.

– J'ai besoin d'un verre d'eau d'abord, répondit Alex.

Papa alla en bas et remplit un verre d'eau pour Alex. Puis il remonta l'escalier et retourna dans la chambre.

– Voilà, mon garçon. Maintenant, tu peux dormir, dit papa.

Alex but le verre d'eau et se rallongea. Son père le borda et se pencha vers lui.

– Bonne nuit, mon garçon. Bonne nuit, chéri. Je t'aime, dit-il.

– Je t'aime aussi, papa, mais je ne peux pas dormir tout de suite.

– Pourquoi, mon garçon ? Qu'est-ce qui ne va pas ? demanda papa.

– J'ai besoin de mon ours en peluche, répondit Alex.

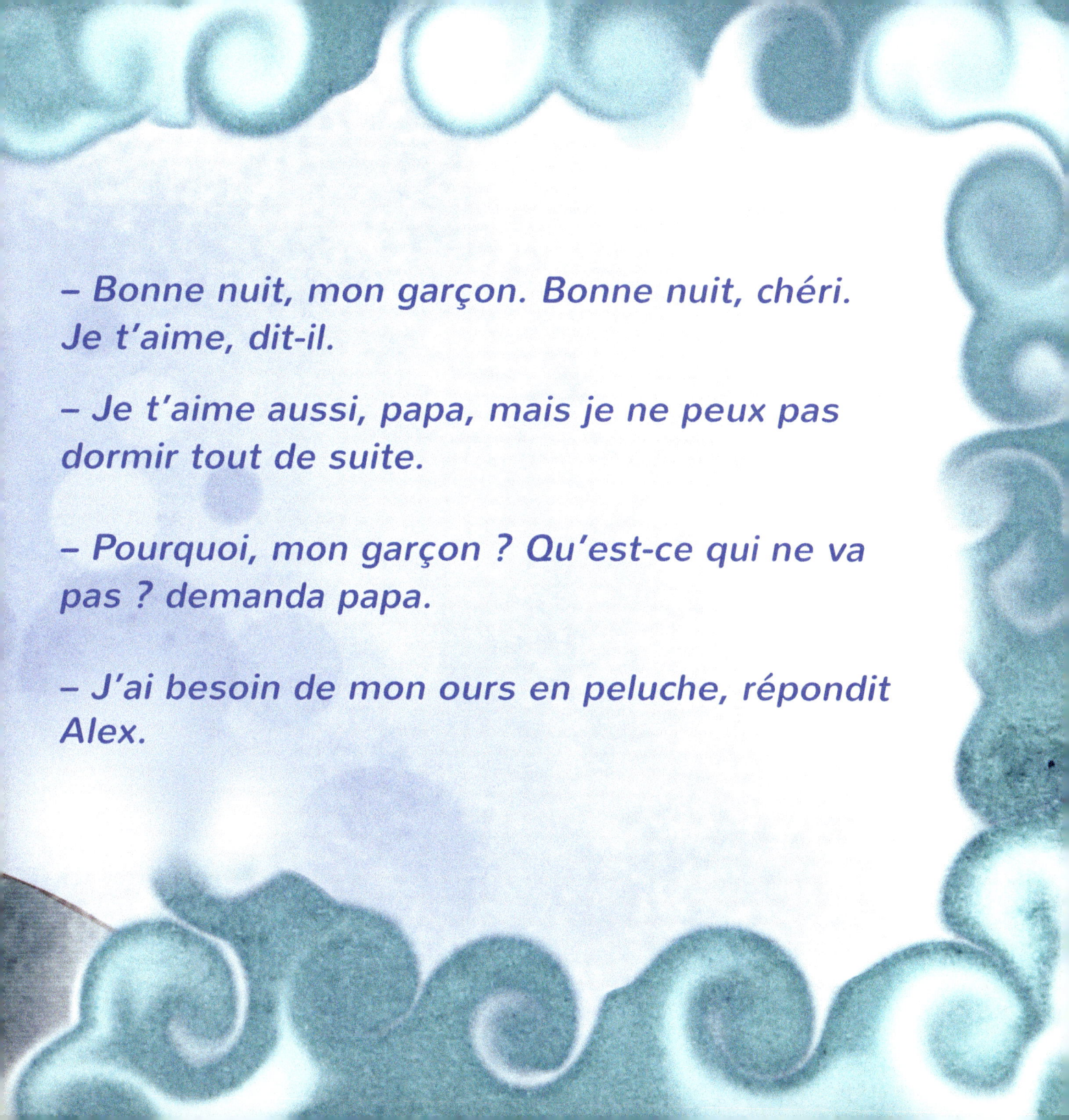

– Pas celui-ci, papa. J'ai besoin de l'ours gris, dit Alex.

Papa rit. Il descendit chercher l'ours gris sur le canapé. Puis il remonta l'escalier et retourna dans la chambre de son fils.

– Voici ton ours en peluche. Maintenant, tu peux dormir, dit papa.

– Merci papa ! s'exclama Alex.

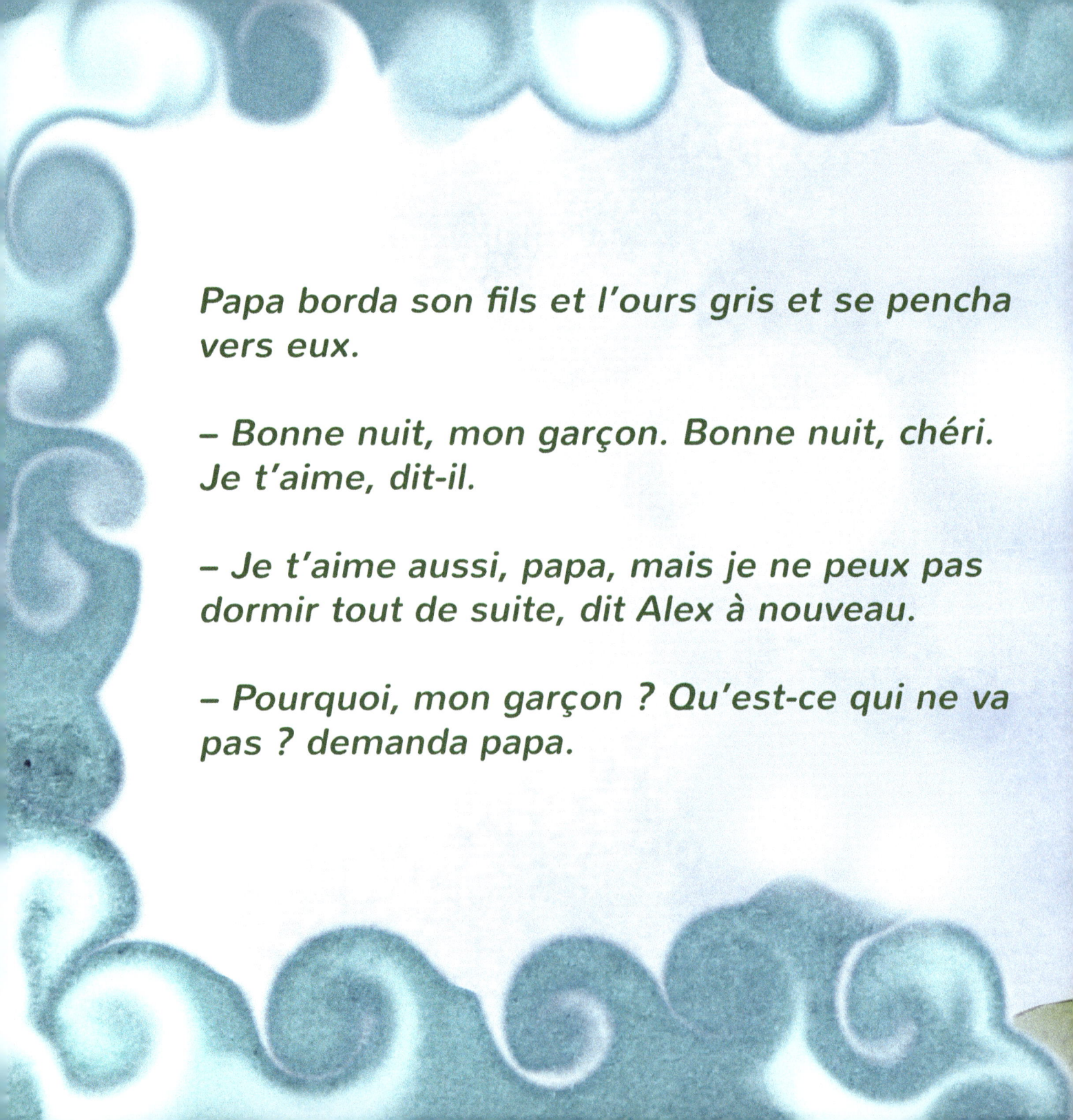

Papa borda son fils et l'ours gris et se pencha vers eux.

– Bonne nuit, mon garçon. Bonne nuit, chéri. Je t'aime, dit-il.

– Je t'aime aussi, papa, mais je ne peux pas dormir tout de suite, dit Alex à nouveau.

– Pourquoi, mon garçon ? Qu'est-ce qui ne va pas ? demanda papa.

– Hum, c'est très important, n'est-ce pas ? dit papa. Alex acquiesça.

– Alors, pourquoi ne pas imaginer ton rêve ensemble ? demanda papa.

– Quelle bonne idée, papa !

– Si tu pouvais être n'importe quoi, Alex, tu serais quoi ?

– Je serais un oiseau et je flotterais dans l'air, répondit Alex.

– Si tu pouvais aller n'importe où, tu irais où ? demanda papa.

– J'irais à la mer et je voguerais sur les vagues.

– Quel joli rêve, mon garçon ! s'exclama papa.

– Mais que va-t-il se passer ensuite ? demanda Alex.

– D'abord, nous allons nous élever dans les nuages doux et cotonneux. Le soleil chauffera nos plumes de sa lumière rose et tendre.

– Le lever de soleil est magnifique, papa ! dit Alex. Papa hocha la tête.

– Ensuite, nous planerons au-dessus des sommets gris et froids, et de la forêt paisible, dit papa.

– Puis, nous irons nous baigner dans les eaux chaudes de la mer. La brise sera douce et salée tandis que nous flotterons au-dessus des vagues bleues et calmes, dit papa.

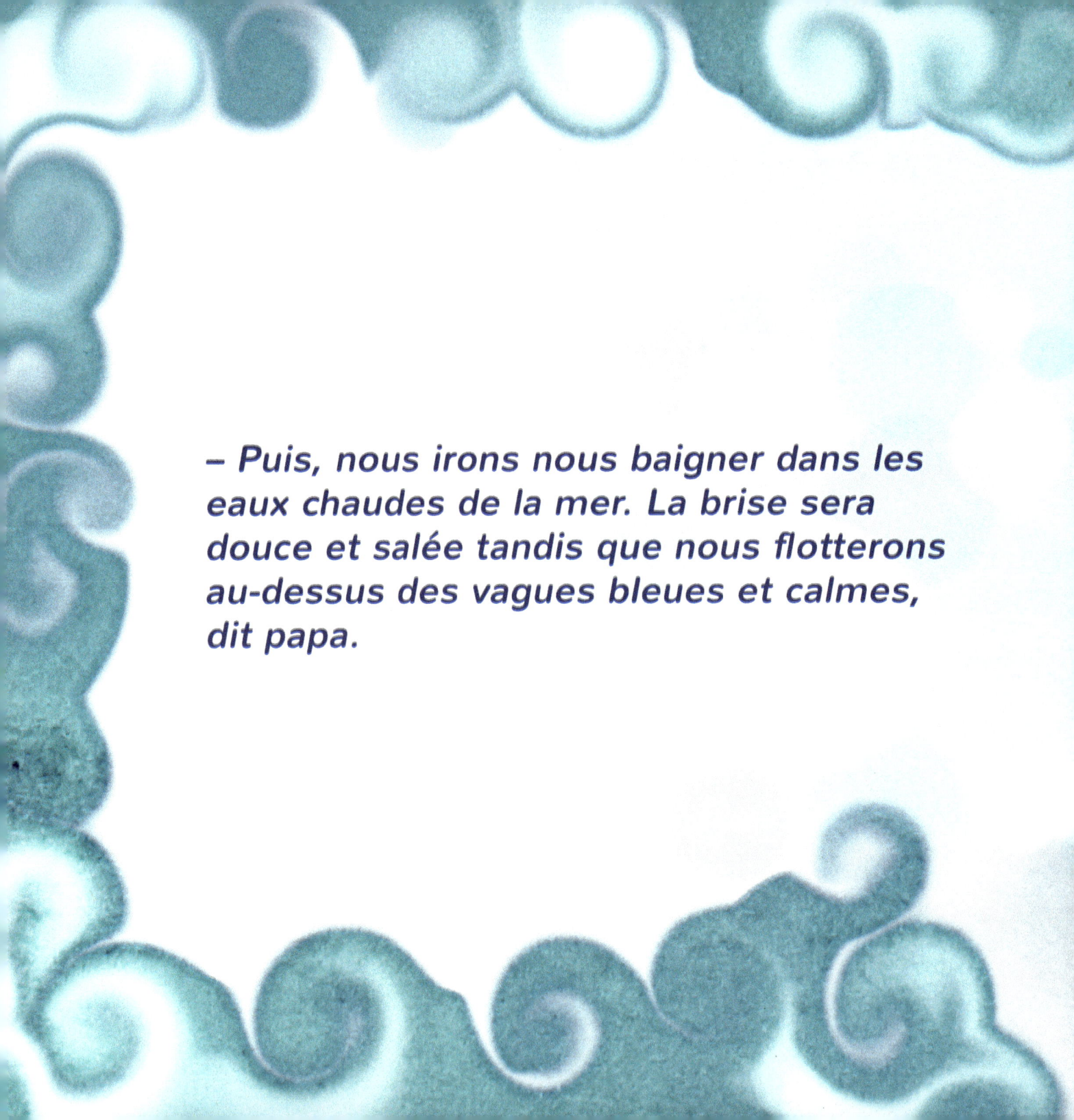

– Et ensuite ? demanda Alex en bâillant bruyamment.

– Nous nous poserons sur un oreiller de nuages blancs et moelleux, dit doucement papa.

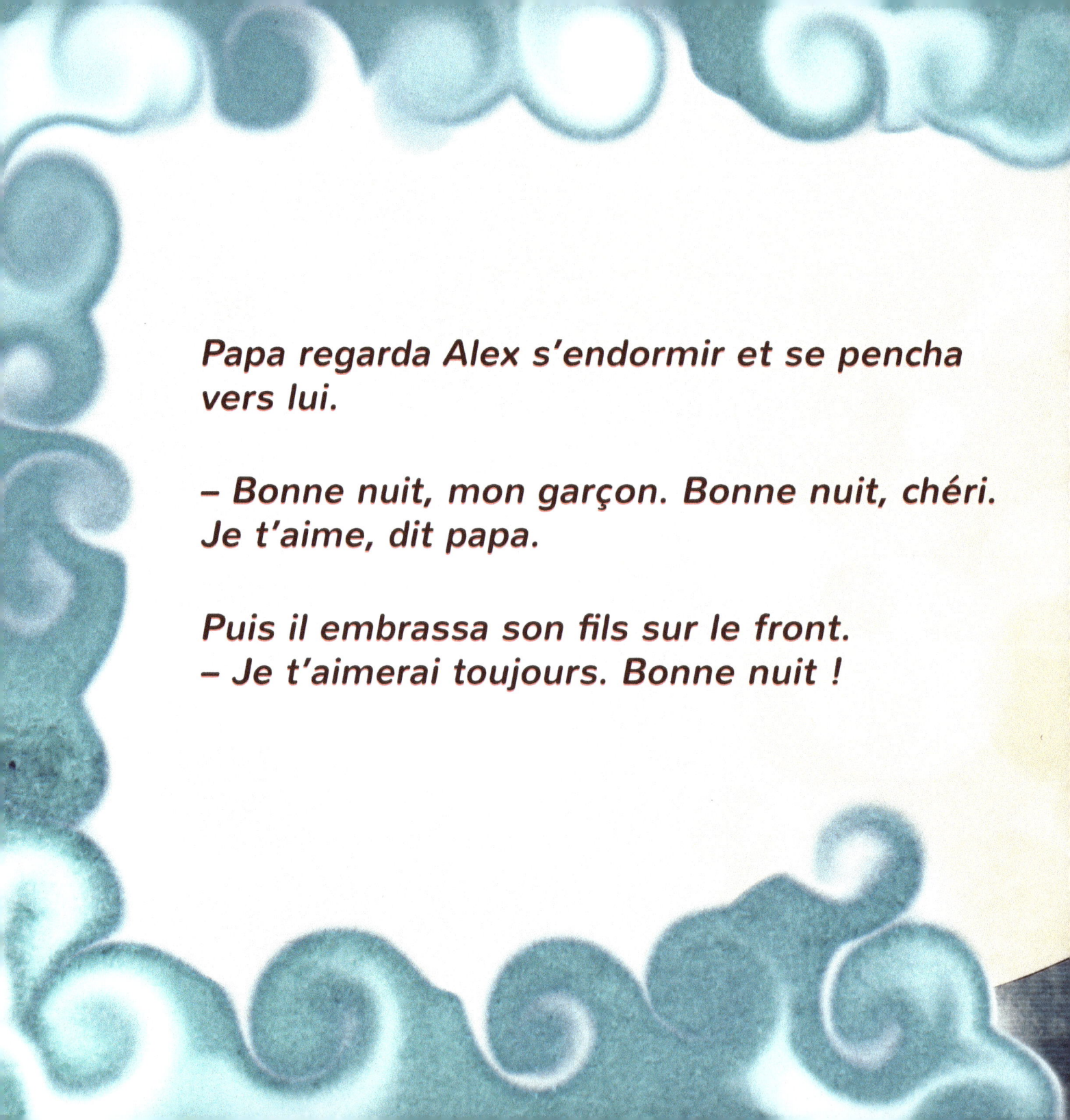

Papa regarda Alex s'endormir et se pencha vers lui.

– Bonne nuit, mon garçon. Bonne nuit, chéri. Je t'aime, dit papa.

Puis il embrassa son fils sur le front.
– Je t'aimerai toujours. Bonne nuit !

www.ingramcontent.com/pod-product-compliance
Lightning Source LLC
Chambersburg PA
CBHW061132070526
44584CB00033B/4308